VÉRONIQUE CALLE
Institutrice

Je lis seul

Tu lis seule

FICHES DE LECTURE

CP

Toi qui apprends à lire,
dans ce fichier, tu trouveras...

— des petites histoires
— des comptines
— des documents
— des bandes dessinées
— des exercices
— des jeux

... qui t'entraîneront à lire
de mieux en mieux.

Les auteurs

GÉNÉRIQUE

Conception maquette et mise en pages :
Jehanne-Marie Husson - Léa Verdun
Coordination éditoriale : Laurence Bertin
Illustrations : Corinne Tarcellin
Lettrage : Véronique Calle
Coordination artistique : Léa Verdun

"Le photocopillage, c'est l'usage abusif et collectif de la photocopie sans autorisation des auteurs et des éditeurs.
Largement répandu dans les établissements d'enseignement, le photocopillage menace l'avenir du livre, car il met en danger son équilibre économique. Il prive les auteurs d'une juste rémunération.
En dehors de l'usage privé du copiste, toute reproduction totale ou partielle de cet ouvrage est interdite"

© Éditions Nathan, 9, rue Méchain
75014 Paris
ISBN : 2.09.120101.4

Je lis

Abra Cadabra et voilà !

Je réfléchis

1 Colorie la bonne formule magique.

Braca Dabra et voici!

Abra Cadabra et voilà!

Abro Cobrodo et voilà!

2 Accroche...

Voilà un lapin.

Voilà une carte.

Voilà un foulard.

Je reconnais

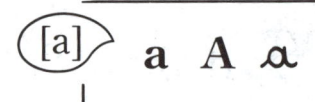

3 Colorie si tu entends [a].

4 Complète les mots avec a et recopie-les.

la c_pe
le ch_peau
la cr_v_te
la b_guette
m_gique

Rémi crie, Sophie lit, Bobby écrit, Daisy dessine,

Nelly sourit, Guy rit, et Horace ? Il embrasse Lili !

La grande corde d'après M. Rosy. Pomme d'Api. Avril 84.

Je réfléchis

1 Complète.

Qui lit? C'est _____ .
Qui crie? C'est _____ .
Qui dessine? C'est _____ .
Qui écrit? C'est _____ .

2 Coche si c'est vrai.

Bobby embrasse Lili. ☐
Horace embrasse Lili. ☐
Horace embrasse Sophie. ☐
Lili embrasse Horace. ☐

Je reconnais

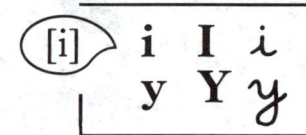

3 Colorie si tu entends [i].

4 Entoure *i* ou *y*.

Je m'applique

3

1 Continue à écrire.

i
a
un ami

2 Complète avec a ou i.

les b_lles   la t_sse   la c_rotte   le l_pin

 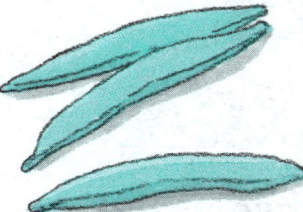  

le c_rt_ble   les h_r_cots   la v_l_se   les r_d_s

la g_r_fe   le v_r_ge   le t_x_   le p_r_te

Je découvre

3 **Observe et lis.**

4 **Entoure les mots que tu as lus.**

cinéma	caméra	salle 1	trésor
cirque	caisse	salle 2	pilote
entrée	tarifs	salle 3	pirate
sortie	tickets	film	demain
toilettes	billets	filet	aujourd'hui

Je lis

4

Maître Corbeau, sur un arbre perché,
Tenait en son bec un fromage.

Et bonjour,
monsieur du Corbeau !

La Fontaine.

Je réfléchis

1 Quel est le titre de cette fable ? Entoure-le.

Le Corbeau et le Canard   Le Corbeau et le Renard
              La Tortue et le Renard

2 Barre ce qui est faux.

- Le corbeau est perché sur

- Il tient   dans son bec.

- Le renard lui dit :   BONJOUR !   BONSOIR !

[R] r R r

3 Entends-tu [R] ? Écris oui ou non.

la route

Il court.

le bois

Il tire.

l'île

Il creuse.

4 Entoure r et rr.

terre   riz   ardoise   carré

RARE

sortie   rivière   arrivée   miroir

Régina   SERRURE

ARROSOIR   sur

 **J'observe**

POMMES AU FOUR

5

① _____

② _____

③ _____

④ _____

 **Je réfléchis**

1 **Recopie sous les dessins :**

Cuire au four.
Éplucher les pommes.
Verser un peu de sucre en poudre.
Mettre dans un plat beurré.

 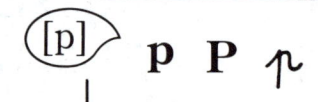

2 Colorie si tu entends .

3 Colorie...

4 Entoure ↑ ou ↑↑.

PARIS   trompette   STOP   grappe

enveloppe   **pot**   poupée

APPELEZ   DÉPART   paquet   Pierrot

Je m'applique

6

1 Continue à écrire.

r

p

les prunes

2 Complète avec p ou r.

poti_on   _adis   _ersil   ca_ottes

_oi_eaux   ha_icots   cou_gettes   é_ina_ds

Je découvre

3 **Observe et lis.**

4 **Complète le tableau.**

Animaux à plumes	Animaux à poils
la poule	le lapin

Je lis

Zozo le souriceau
joue au cerceau
sur le piano
avec un anneau
de rideau.

Apprendre à écouter,
Bray - Clausard,
OCDL.

Je réfléchis

1 Colorie la maman de Zozo.

la chatte   la lapine   la souris

2 Complète avec : *anneaux - cerceau - piano.*

Zozo joue   Zozo joue   Zozo joue

du _____ .   au _____ .   aux _____ .

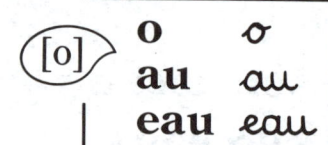

3 Colorie si tu entends [o].

4 Entoure les mots si tu entends [o] et recopie-les.

le vélo	le tableau	le piano
le souriceau	la poupée	le camion
la pelle	le jeu de loto	le bateau
le seau	le domino	le ballon

o
le vélo

eau
le souriceau

Je lis

Lila lit, allongée sur son lit.

Je réfléchis

1 **Colorie le livre de Lila.**

2 **Complète avec :** *dans - à côté de - sur - sous.*

Lila est _____ son lit.    Lila est _____ son lit.

Lila est _____ son lit.    Lila est _____ son lit.

Je reconnais

[l] l L ℓ

3 Colorie si tu entends [l]

4 Entoure si tu entends [l].

un lit	une lampe	un lapin
une table	un tapis	une fenêtre
une chaise	un livre	la lune
une armoire	une image	des étoiles

5 Coche ce qui est vrai.

☐ Il est bon.   ☐ Voici le canal.   ☐ Il se sèche.
☐ Il est long. ☐ Voici le canard. ☐ Il se lèche.
☐ Il est rond. ☐ Voici le carré.   ☐ Il se fâche.

Je m'applique

1 **Continue à écrire.**

o

l

allo

2 **Complète avec** *il* **ou** *elle* **.**

____ joue   ____ dort   ____ chante

____ mange   ____ court   ____ nage

____ lit   ____ danse   ____ dessine

3 **Observe et lis.**

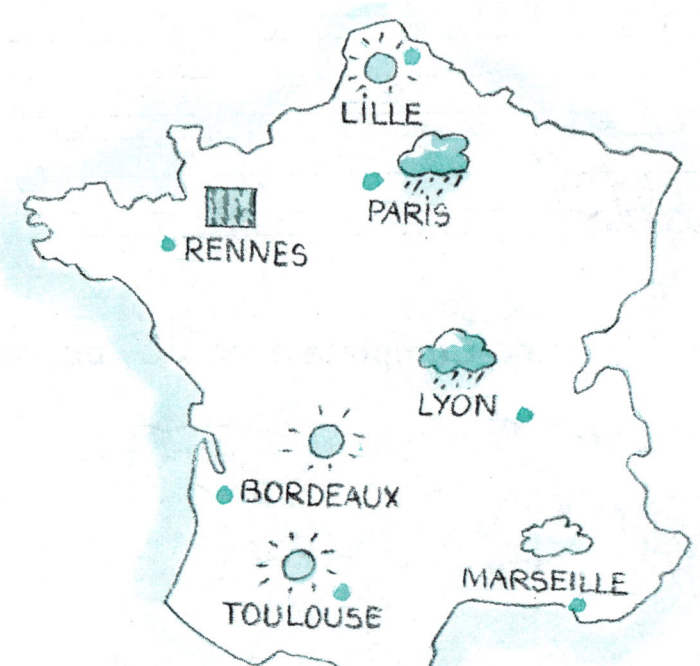

4 **Vrai Ⓥ ou faux Ⓕ ? Complète.**

Il y a du soleil à Lille.   ◯
Il pleut à Paris.   ◯
Marseille est sous la neige.   ◯
Bordeaux est dans le brouillard. ◯
Il fait beau à Toulouse.   ◯
Il y a des nuages sur Rennes.   ◯

Je lis

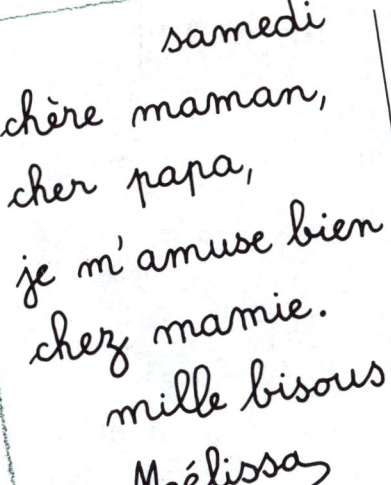

samedi

chère maman,
cher papa,
je m'amuse bien chez mamie.
mille bisous.
Mélissa

Mr et Mme MIMOSA
3 rue des Pommes
38123 AMIVILLE
FRANCE

Je réfléchis

1 Barre ce qui est faux.

Je suis chez tante Marie.

Je suis chez mamie.

Je suis chez une amie.

2 Où habite la famille Mimosa ? Colorie.

MIMIVILLE   ABRIVILLE   AMIVILLE

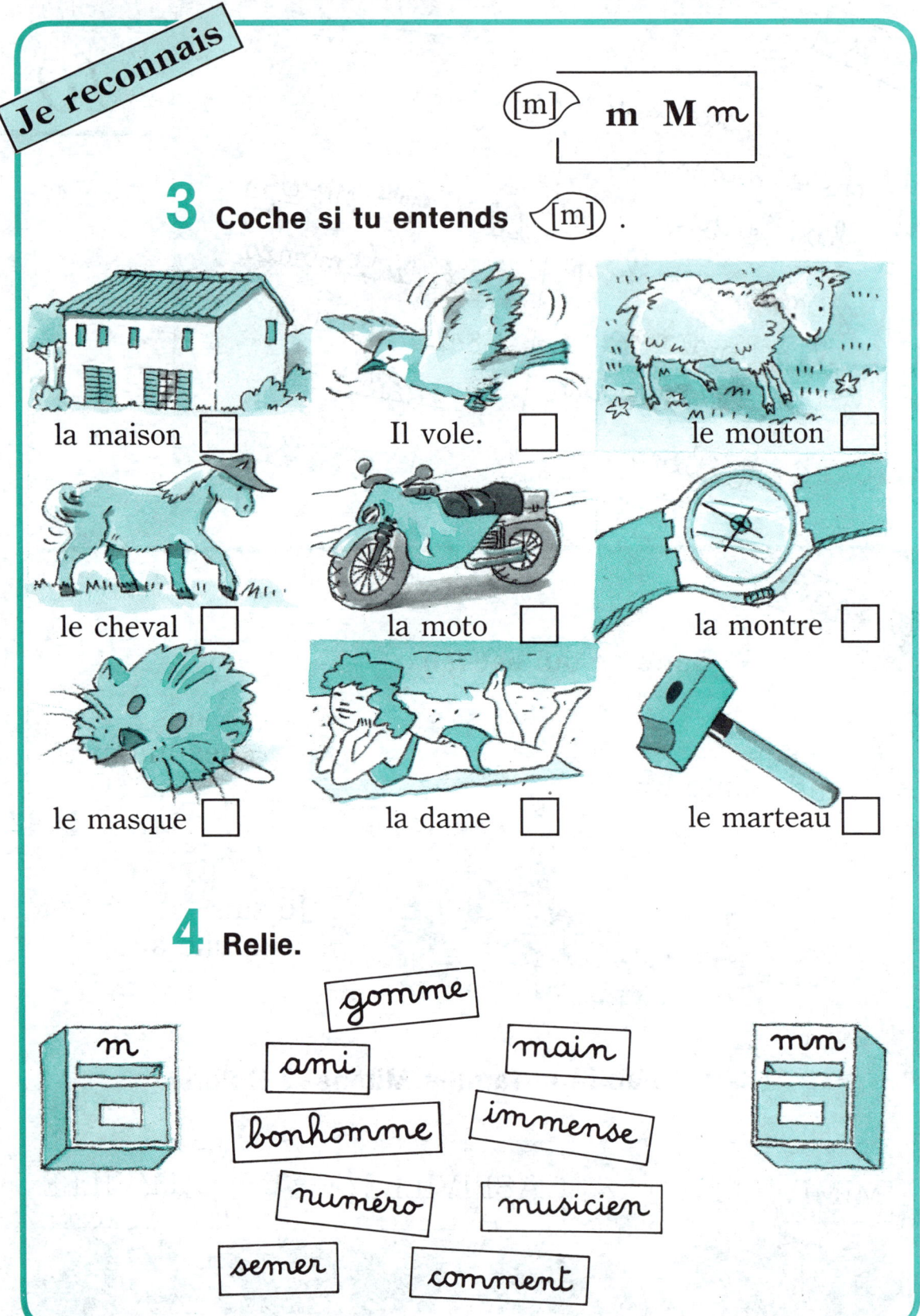

J'observe

AU BORD DE LA MER

Je réfléchis

1 Coche ce que tu vois sur le dessin.

- ☐ une bouée
- ☐ un ballon
- ☐ une radio
- ☐ un chapeau
- ☐ un chameau
- ☐ un château
- ☐ un toboggan
- ☐ un crabe
- ☐ un seau
- ☐ une pelle
- ☐ un râteau

- ☐ du sable
- ☐ un arbre
- ☐ un panier
- ☐ un maillot de bain
- ☐ une balançoire
- ☐ une bouteille
- ☐ un parasol
- ☐ une mouette
- ☐ un manteau
- ☐ des montagnes
- ☐ un bateau

Je m'applique

1 Continue à écrire.

m
b
boum !

2 Complète avec b ou m.

Il _et ses _ottes.

Bé_é écoute sa _oîte à _usique.

Il _ange une _anane.

Elle _rise le _iroir.

Les a_eilles fa_riquent le _iel.

12

Je découvre

3   Lis chaque phrase.

① Blanche-Neige croque la pomme.
② L'Ogre cherche le petit Poucet.
③ Cendrillon se prépare pour le bal.
④ Boucle d'Or s'endort dans le petit lit.
⑤ Peau d'Âne porte une robe couleur de lune.
⑥ Le petit Chaperon rouge apporte un panier à sa grand-mère.

4   Numérote les dessins.

TROUV'TOUT Petites annonces

À VENDRE Poussette avec roue de secours TÉL. 43 21 50	**J'AI PERDU** MON OURS Grosse récompense TÉL. 62 18 20
RECHERCHE Poupées anciennes TÉL. 28 29 30	**DONNE** BOUTONS de toutes les couleurs TÉL. 15 26 10

1 Colorie...

- ce qui est à vendre :

- ce qui est donné :

- ce qui est recherché :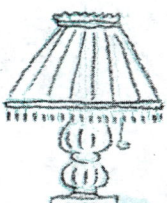

Je reconnais

[u] ou OU ou

2 Entends-tu [u] ? Écris oui ou non.

le couteau   les cailloux   Elle joue.

le coq   Il tourne.   C'est lourd.

les poussins   les lunettes   un tambour

3 Recopie si tu entends [u].

le coussin - la boule - debout - les mains - du sucre - la route - coudre - le parapluie

le coussin

Je lis

Je réfléchis

1 **Écris dans le dessin :**

le clown – le crocodile – le koala – le cosmonaute – le perroquet – la pâquerette

2 **Colorie la bonne pancarte.**

MASQUES ET PLUMES POUR CARNAVAL

CASQUES ET COSTUMES POUR CARNAVAL

MASQUES ET COSTUMES POUR CARNAVAL

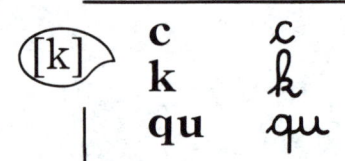

3 Colorie si tu entends [k].

4 Recopie.

un sac – des baskets – la cave – des quilles – quatre – un kimono – le cou – un kilo – quoi

Je m'applique

1 **Continue à écrire.**

ou

k

le kangourou

2 **Complète avec :** ca - co - cui - cl - lou - bou - mou - pou.

le ___ton

le ___ssin

le ___p

le ___sinier

la ___ccinelle

le hi___

le ___pitaine

le ___own

Je découvre

3 Place les mots : le mètre – la scie – la clé – les clous – la pince – le tournevis – le marteau – les vis – les écrous

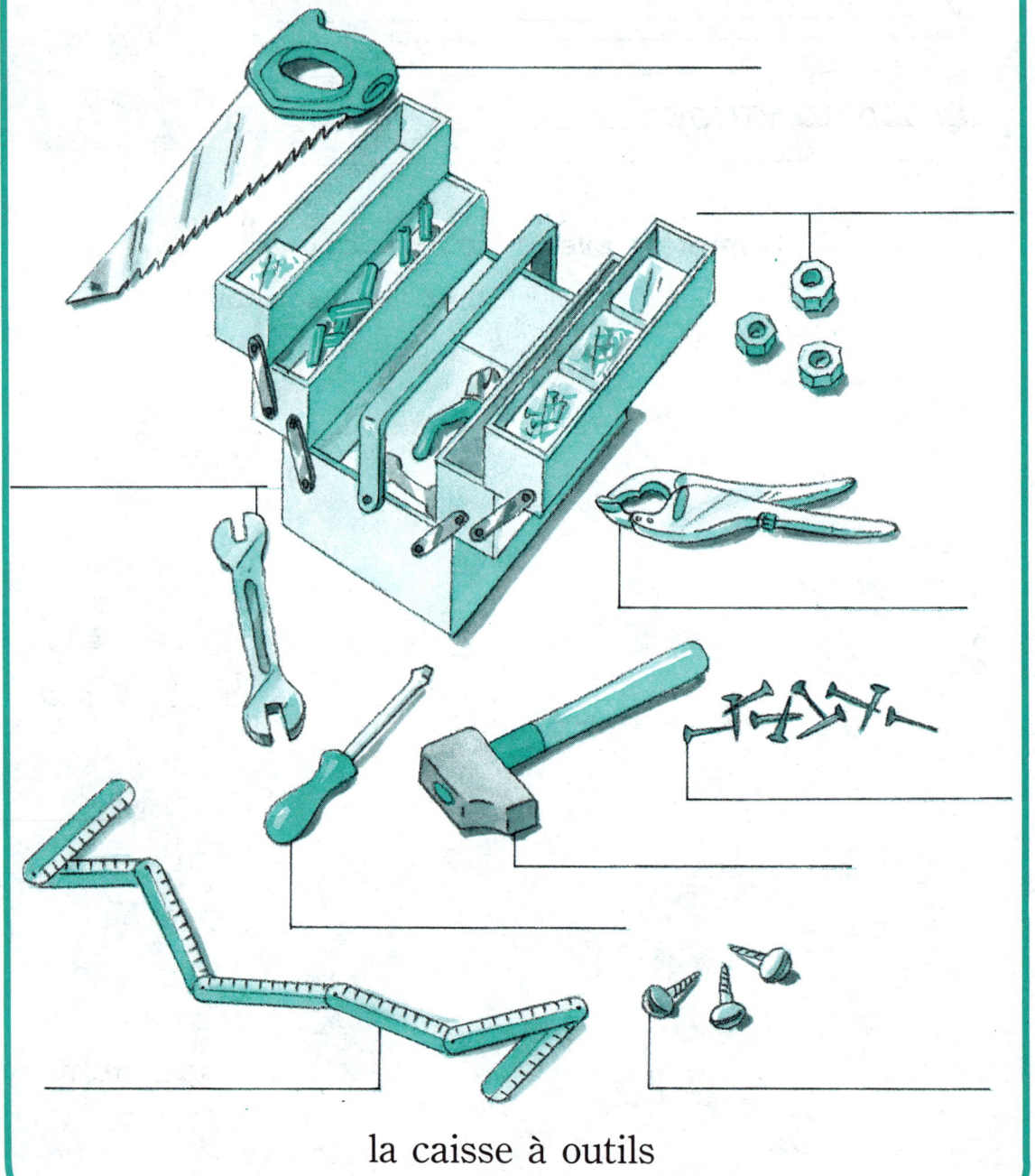

la caisse à outils

Je lis

16

« Regardez, j'ai perdu une dent. »

« Moi j'en ai déjà perdu deux ! »

D_____   E_____   D_____   A_____

Je réfléchis

1   **Lis et place chaque prénom dans le dessin.**

David a perdu une dent.
Ida a perdu deux dents.
Adrien est le plus petit.
Daniel porte le ballon.
Eddy a des lunettes.
Dorothée porte une robe à dentelles.

Je reconnais

[d] d D d

2 Colorie si tu entends [d].

DISQUE

CHÂTEAU

DENTELLE

RADIS

DINDON

BAGUE

DÉSERT

BIDON

3 Entoure les bons mots.

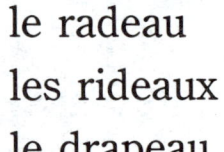

le radeau   la lame   Il se douche.   C'est doux.
les rideaux   la dame   Il se couche.   C'est roux.
le drapeau   la rame   Il se mouche.   C'est fou.

Je lis

MENU

ENTRÉES
Crudités
Charcuterie

PLATS
Poisson aux légumes
Poulet à la purée

DESSERTS
Crêpes au sucre
Tarte aux mûres

Je réfléchis

1 **Coche ce qui est vrai.**

- Le poulet à la purée, c'est — une entrée. ☐
  — un dessert. ☐
  — un plat. ☐

- On mange les crêpes avec — des crudités. ☐
  — du sucre. ☐
  — de la purée. ☐

Je reconnais

[y] **u U u**

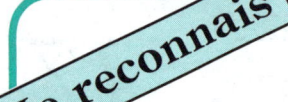

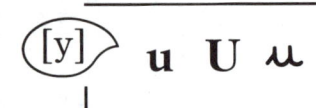

2 Coche si tu entends [y].

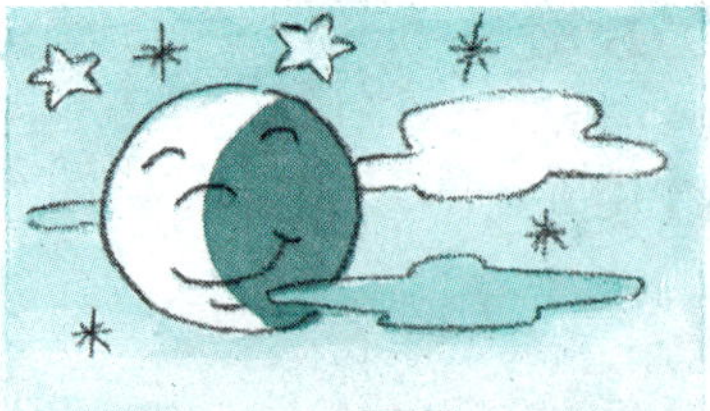

la lune ☐

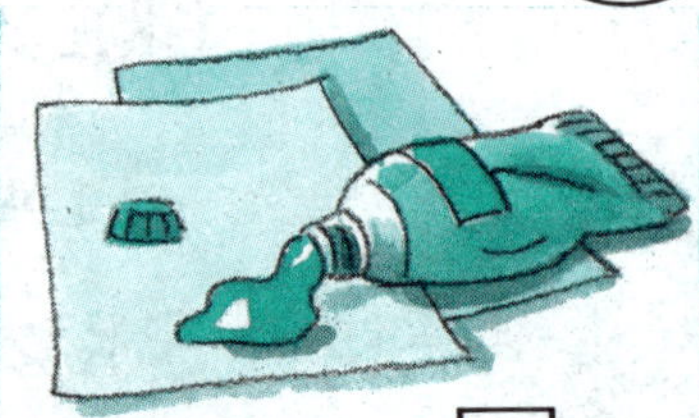

un tube ☐

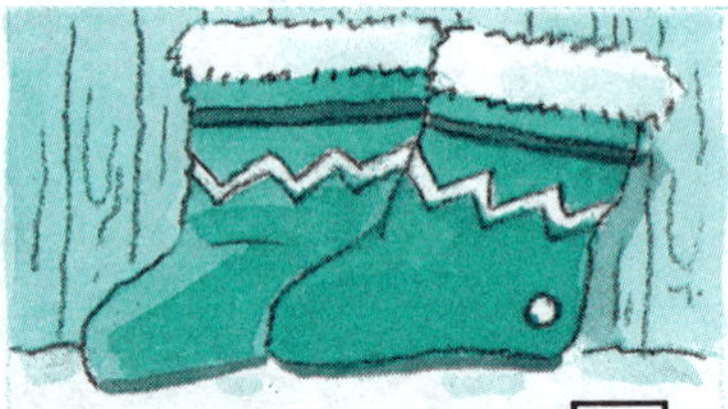

des bottes ☐

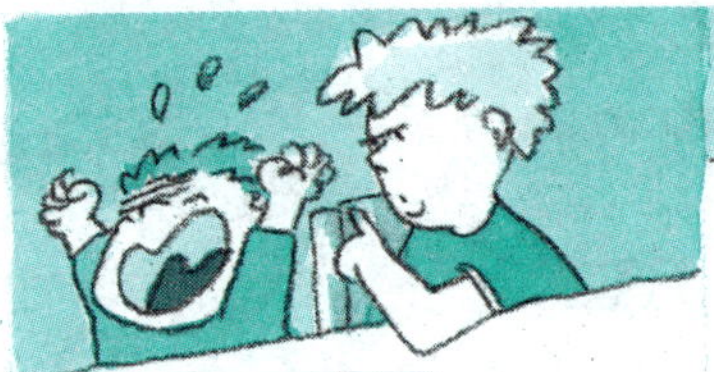

chut! ☐

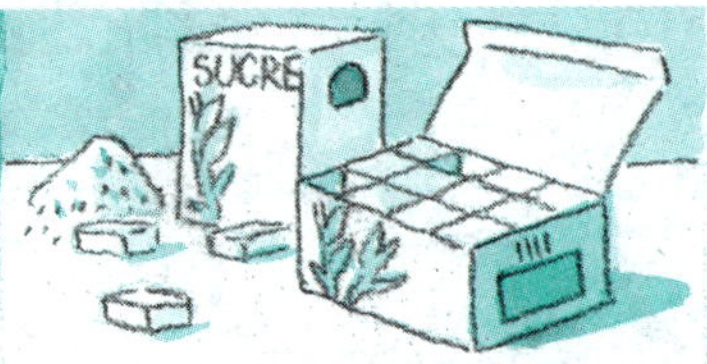

du sucre ☐

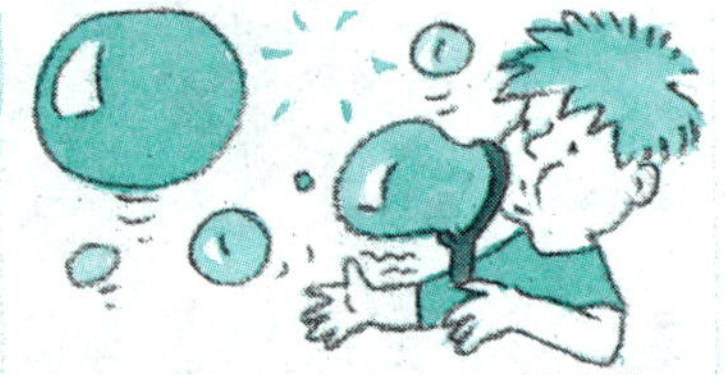

des bulles ☐

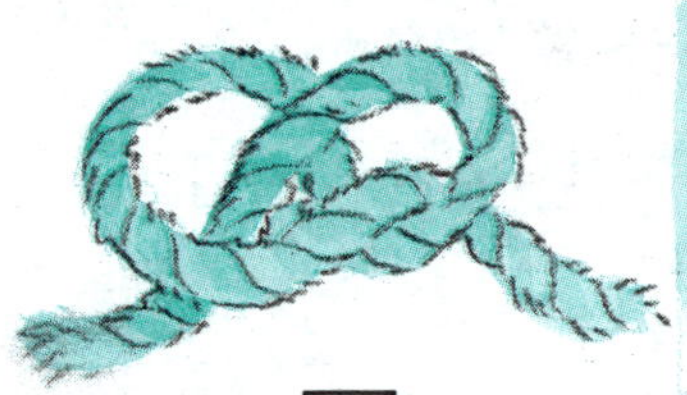

un nœud ☐

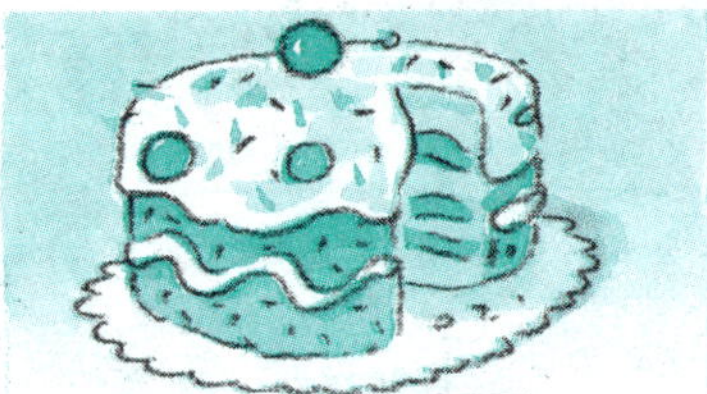

un gâteau ☐

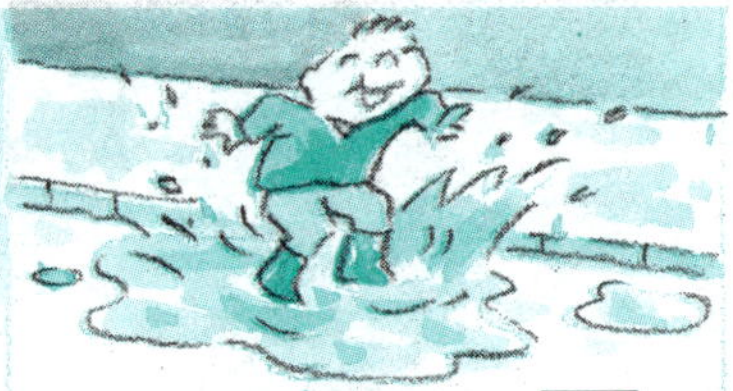

Il a plu. ☐

3 Entoure les mots avec u.

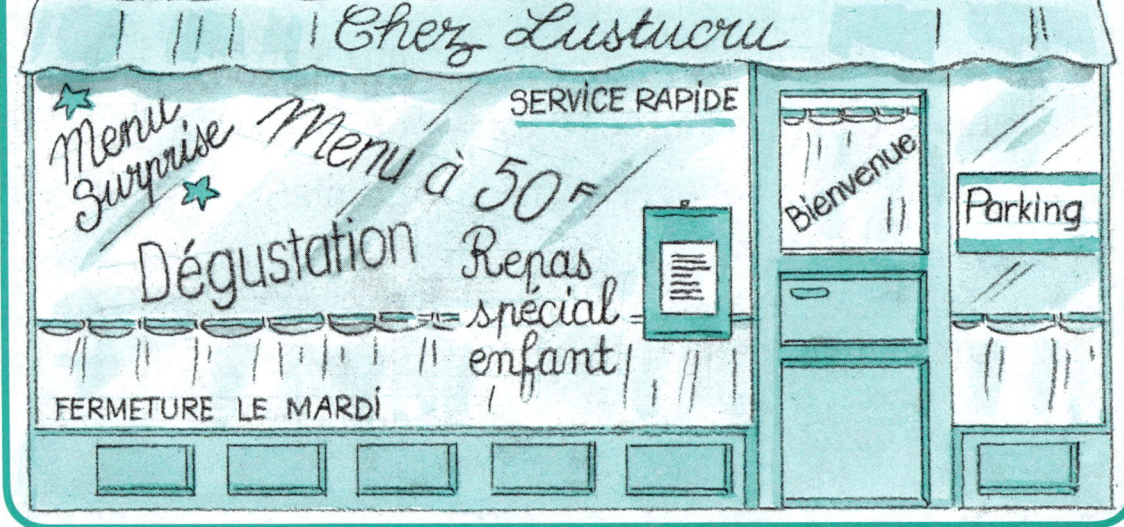

Je m'applique

1 Continue à écrire.

u

d

les dunes

2 Écris les mots.

 le _____

 la _____

 le _____

le _____

la _____

 la _____

3 Complète avec un une des .

 ____ bouchon

 ____ fusée

 ____ billes

 ____ fleur

 ____ lunettes

 ____ bonbon

Je découvre

4 Recopie chaque phrase en ordre.

Je lis

LE PETIT THÉÂTRE

Je réfléchis

1 Vrai Ⓥ ou faux Ⓕ ? Colorie.

Guignol court très vite.	Ⓥ	Ⓕ
Guignol veut attraper le gendarme.	Ⓥ	Ⓕ
Le gendarme veut battre Guignol.	Ⓥ	Ⓕ
Il veut lui donner un coup de fouet.	Ⓥ	Ⓕ
Il veut le battre avec un bâton.	Ⓥ	Ⓕ

Je reconnais

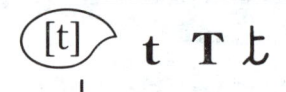

2 Entends-tu [t] ? Écris *oui* ou *non*.

Elle tombe.	 la couronne	 la tirelire
 les crayons	 la maison	 le tuyau
 Elle tourne.	 le parachute	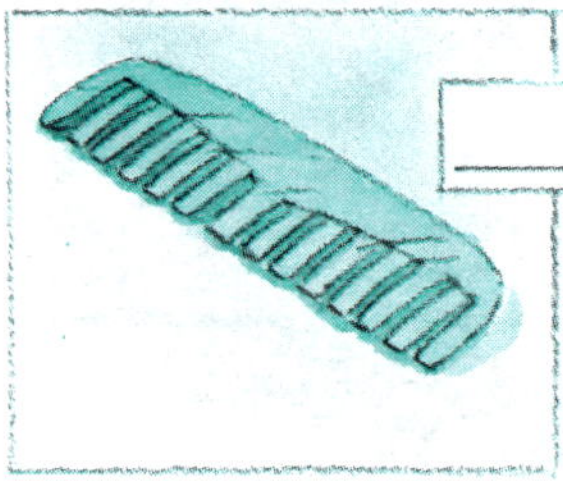 le peigne

3 Entoure *t* ou *tt*.

tulipe   futé   NATTE   tête

BATEAU   assiette   ANTENNE

noisette   Toulouse   tartelette

Je lis 20

Je réfléchis

1 **Complète.**

Il aime grimper : _____.
Il est rouge, rouge, rouge : _____.
Elle a des épines : _____.
Il porte bonheur : _____.
Elle s'effeuille un peu, beaucoup : _____.
Il flotte sur l'eau : _____.
Il se tourne vers le soleil : _____.

Je m'applique

21

1 Continue à écrire.

e

t

le tilleul

2 Complète avec : ta . ti . to . tu . tou .

1 le _gre
2 les _lipes
3 la _r
4 le _nnel
5 l'au_car
6 le _pis

3 Complète avec : le . te . se . me .

Je ___ coiffe.

Il ___ fâche.

Tu ___ caches.

Il ___ mange.

Je découvre

4 Vrai Ⓥ ou faux Ⓕ ? Complète.

- Lucas a trouvé une guitare. ○
- Lucas a trouvé une trompette. ○
- C'est la trompette de René. ○
- Un peu plus tard, Lucas joue du tambour. ○
- C'est le tambour de Léon. ○

Je lis

Je réfléchis

1 **Colorie la bonne pancarte.**

| STOP! Ici, on boit de la limonade. | STOP! Ici, on fait le plein d'essence. | STOP! Ici, on fait plein d'affaires. |

2 **Entoure ce qui est vrai.**

Voici la caisse.   C'est le dentiste.

Voici la laisse.   C'est le pompier.

Voici la classe.   C'est le pompiste.

Je lis

Les fruits, c'est la fête sur votre table.

Je réfléchis

1 Coche ce que tu vois sur la publicité.

☐ une fraise   ☐ un melon   ☐ un citron
☐ une banane   ☐ une poire   ☐ des cerises
☐ du raisin   ☐ des noisettes ☐ des mûres
☐ une pomme   ☐ un ananas   ☐ un abricot

2 Vrai Ⓥ ou faux Ⓕ ? Colorie.

Les cerises dansent ensemble.   Ⓥ   Ⓕ
La fraise joue de la flûte.   Ⓥ   Ⓕ
Le citron lance des confettis.   Ⓥ   Ⓕ
L'ananas joue du tambour.   Ⓥ   Ⓕ

**Je reconnais**

[f] f F
ph PH
f ph

3 Entends-tu [f] ? Écris oui ou non.

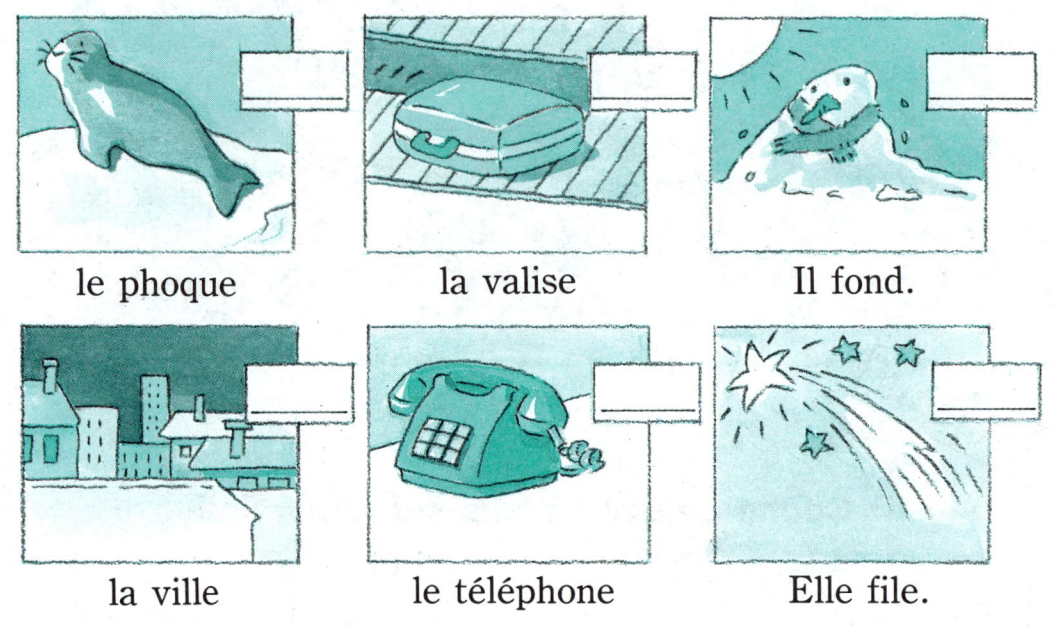

le phoque — la valise — Il fond.

la ville — le téléphone — Elle file.

4 Recopie.

du fil – téléphoner – la farine – facile – Sophie – un dauphin – la confiture – le phare

du fil   téléphoner

f   ph

Je m'applique

1 Continue à écrire.

s

f

j'ai soif

2 Complète avec s ou f.

Je découvre

3 Lis.

UN GROS SINGE SOUFFLAIT
DANS UN GROS SAXOPHONE.

AUCUN SON NE SORTAIT!
CHACUN SE CROYAIT SOURD.

POURTANT, PAS DE SECRET,
PAS LE MOINDRE MYSTÈRE :

LE GROS SINGE TENAIT
L'INSTRUMENT A L'ENVERS.

4 Trouve dans la poésie 6 mots qui commencent par s.

singe
s_____   s_____   s_____
s_____   s_____   s_____

J'observe

La ronde des métiers

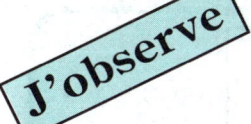

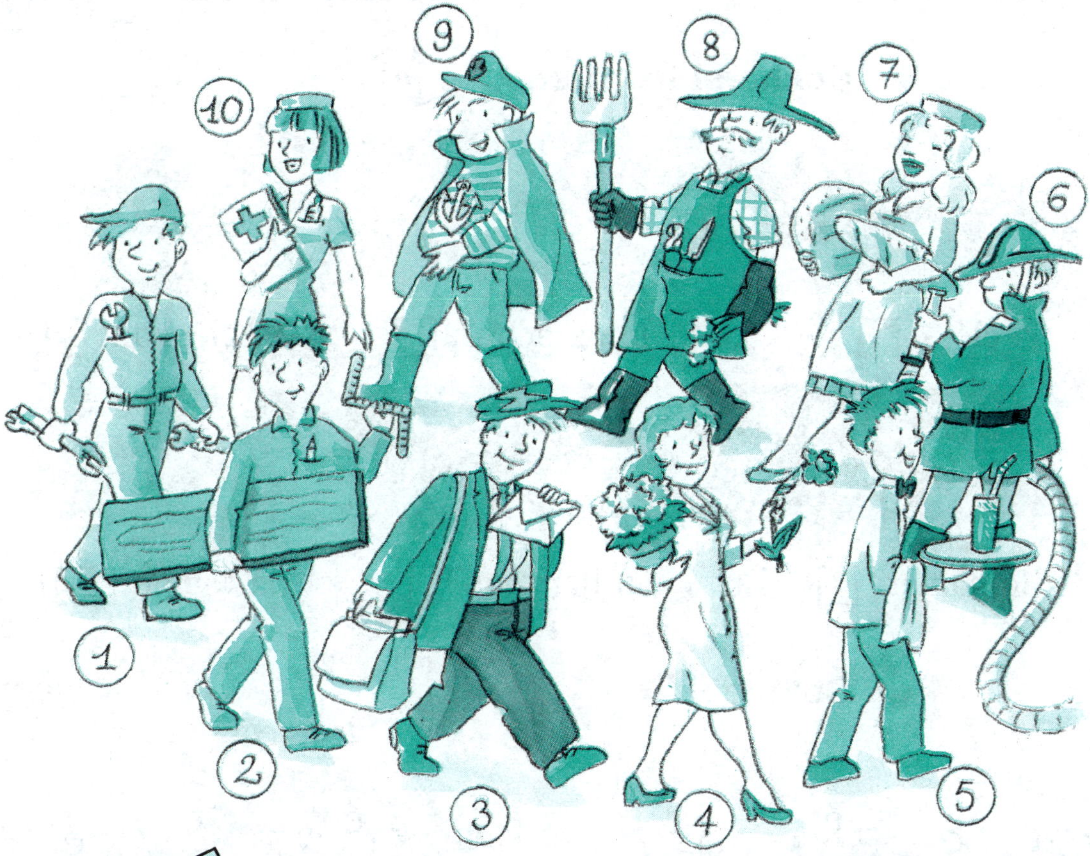

Je réfléchis

1 Numérote.

la boulangère	◯	le facteur	◯
le marin	◯	l'infirmière	◯
le mécanicien	◯	le garçon de café	◯
le jardinier	◯	le menuisier	◯
la fleuriste	◯	le pompier	◯

Je reconnais

[e]	é	é
	ez	ez
	er	er

2 Coche si tu entends [e].

la clé ☐   le parachute ☐   un éléphant ☐

le panier ☐   un hérisson ☐   la toupie ☐

3 Colorie...

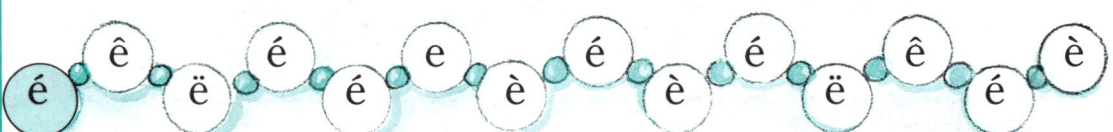

é ê ë é e é è é è é ë ê é è

4 Entoure ce qui est vrai.

C'est une voiture.   Voici un tablier.   C'est l'hiver.

C'est un voilage.   Voici une table.   C'est l'été.

C'est un voilier.   Voici un tableau.   C'est l'automne.

Je lis

Chiche!
dit le chat
à la chouette
tu chercheras
la chatte
je chercherai
le chien.

Apprendre à écouter,
Bray-Clausard, OCDL.

Je réfléchis

1 Colorie le tableau des animaux de la comptine.

2 Coche ce qui est vrai.

Les animaux jouent
- à chat perché. ☐
- à la marelle. ☐
- à cache-cache. ☐

Le chat cherchera
- le chien. ☐
- la mouette. ☐
- la vache. ☐

[ʃ] ch CH ch

3 Colorie si tu entends [ʃ]

4 Entoure si tu entends [ʃ].

le chien   la vache   le canard   la chèvre

le chat   le coq   le cheval   le cochon

la poule   le mouton   le dindon   l'âne

5 Recopie si tu entends [ʃ].

la niche
le clou
la planche
le jardin
cache-cache
chut ! chercher

la niche

Je m'applique

1 Continue à écrire.

é
ch
l'échelle

2 Écris les mots.

Il est _____.   la _____

3 Complète avec : cha - cho - chi - che - chou.

Le ___val tire la ___rrette.

Voici une clo___ en ___colat.

Ses ___veux sont en ___gnon.

La ___ette est sur la bran___.

Je découvre

4 **Complète avec :** grenier - cave - poche - chercher - chambre - poulailler.

Mamie a encore perdu ses lunettes !
« On va les _____ », dit Colas.

« Elles ne sont pas dans la _____ », dit Colas.

« Elles ne sont pas dans la _____ de Mamie », dit Coline.

Elles ne sont pas dans le _____.

Elles ne sont pas dans le _____.

« Ne cherchez plus, dit Mamie, elles étaient dans ma _____. »

Je lis

Ici, on vend des fromages.
Des fromages petits ou gros,
ronds ou carrés.
La marchande crie :
– Mangez du fromage,
c'est bon pour la santé.
Qui veut du fromage ?

Je réfléchis

1 Colorie ce qui est bon pour la santé.

Manger du cirage

Ranger les bagages

Faire le ménage

Manger du fromage

2 Coche les noms de fromage.

le camembert ☐   le roquefort ☐
le pain ☐   le lait ☐
le beurre ☐   la brioche ☐
la moutarde ☐   la tomme ☐
le gruyère ☐   le brie ☐

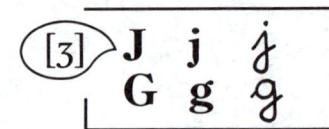

3 Entends-tu [ʒ] ? Écris *oui* ou *non*.

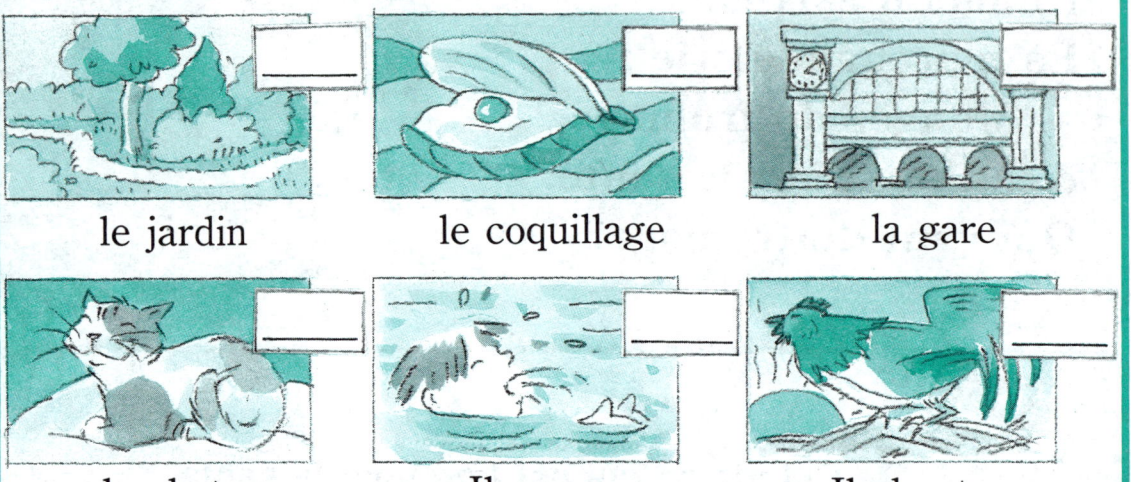

le jardin — le coquillage — la gare

le chat — Il nage. — Il chante.

4 Recopie...

j'aime — le fromage — jeudi — la girafe — jouer — la cage — l'horloge — le pyjama — jaune — gentil.

Je lis

La sorcière s'envole sur son balai.

Je réfléchis

1 Entoure les bons mots.

la soupière   le balai
la saucisse   le ballet
la sorcière   le galet

2 Observe et numérote.

① D'abord, la sorcière allume le feu.
② Ensuite, elle lit la recette.
③ Puis, elle boit la potion.
④ Enfin, elle se change en crapaud.

Je reconnais

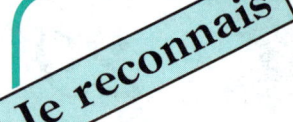

[ɛ] è ê e
et est
ai ei

3 Colorie si tu entends [ɛ] .

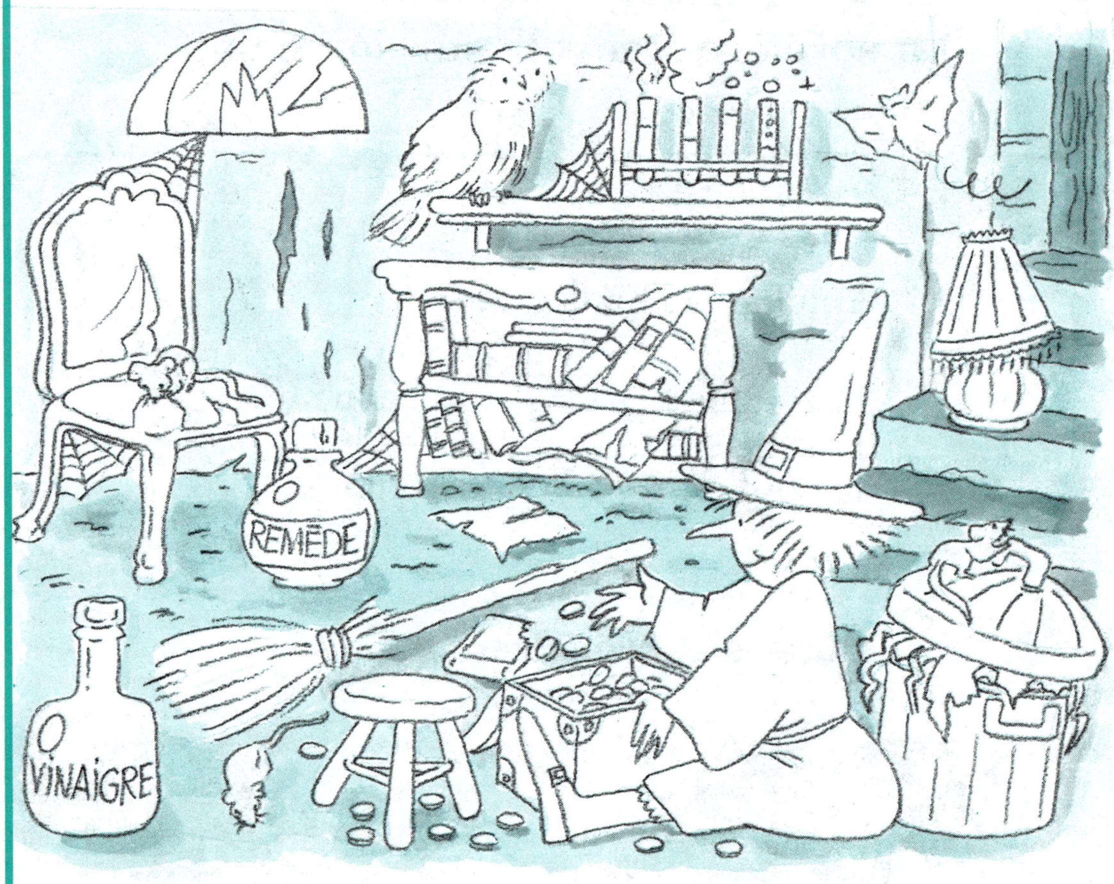

4 Entoure si tu entends [ɛ] .

la sorcière - le balai - la table - le tabouret -
les tubes de verre - la chouette - la lune -
la chauve-souris - la poubelle - la chaise - la lampe -
les pièces de monnaie - le remède - le vinaigre

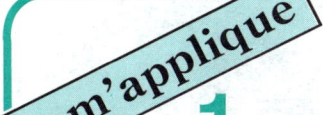

Je m'applique

1 Continue à écrire.

è

g

le manège

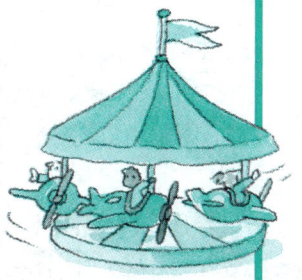

2 Place les mots :

jeu de fléchettes - loterie - stand de tir - pêche à la ligne - chamboule-tout - buvette.

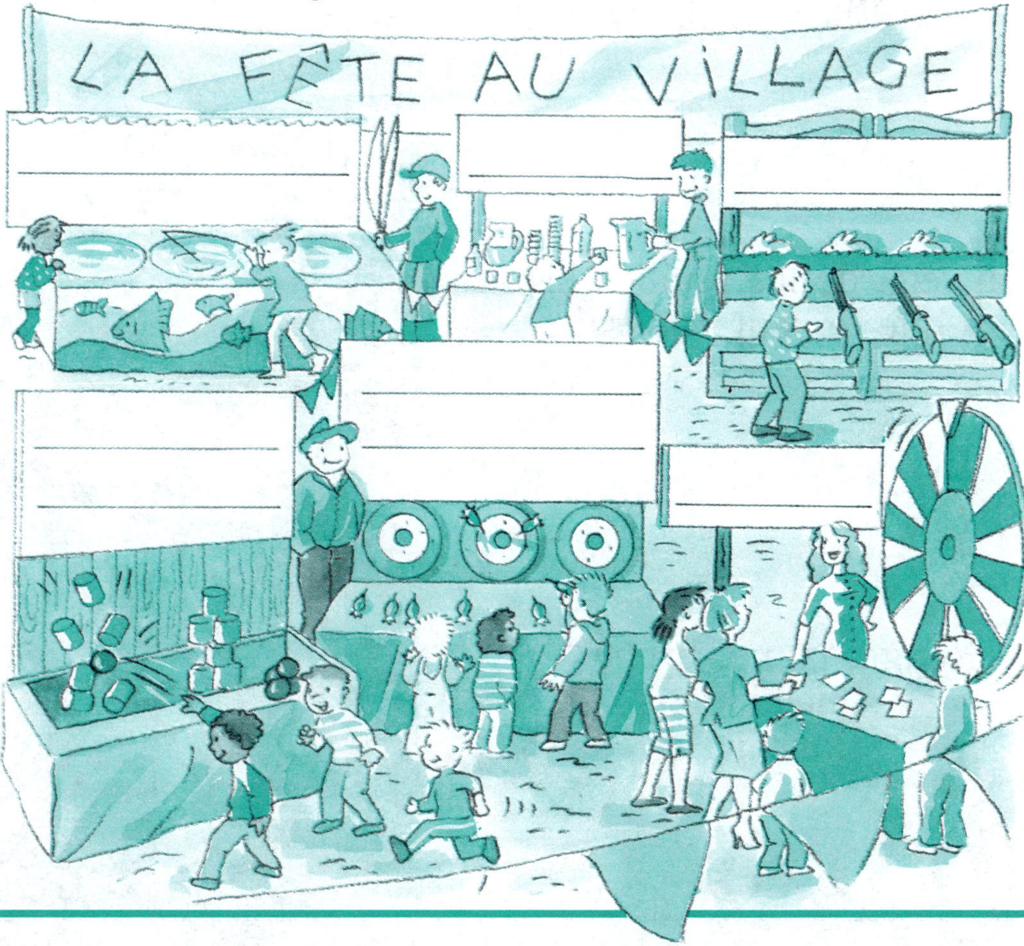
LA FÊTE AU VILLAGE

Je découvre

3 Lis pour colorier les dessins.

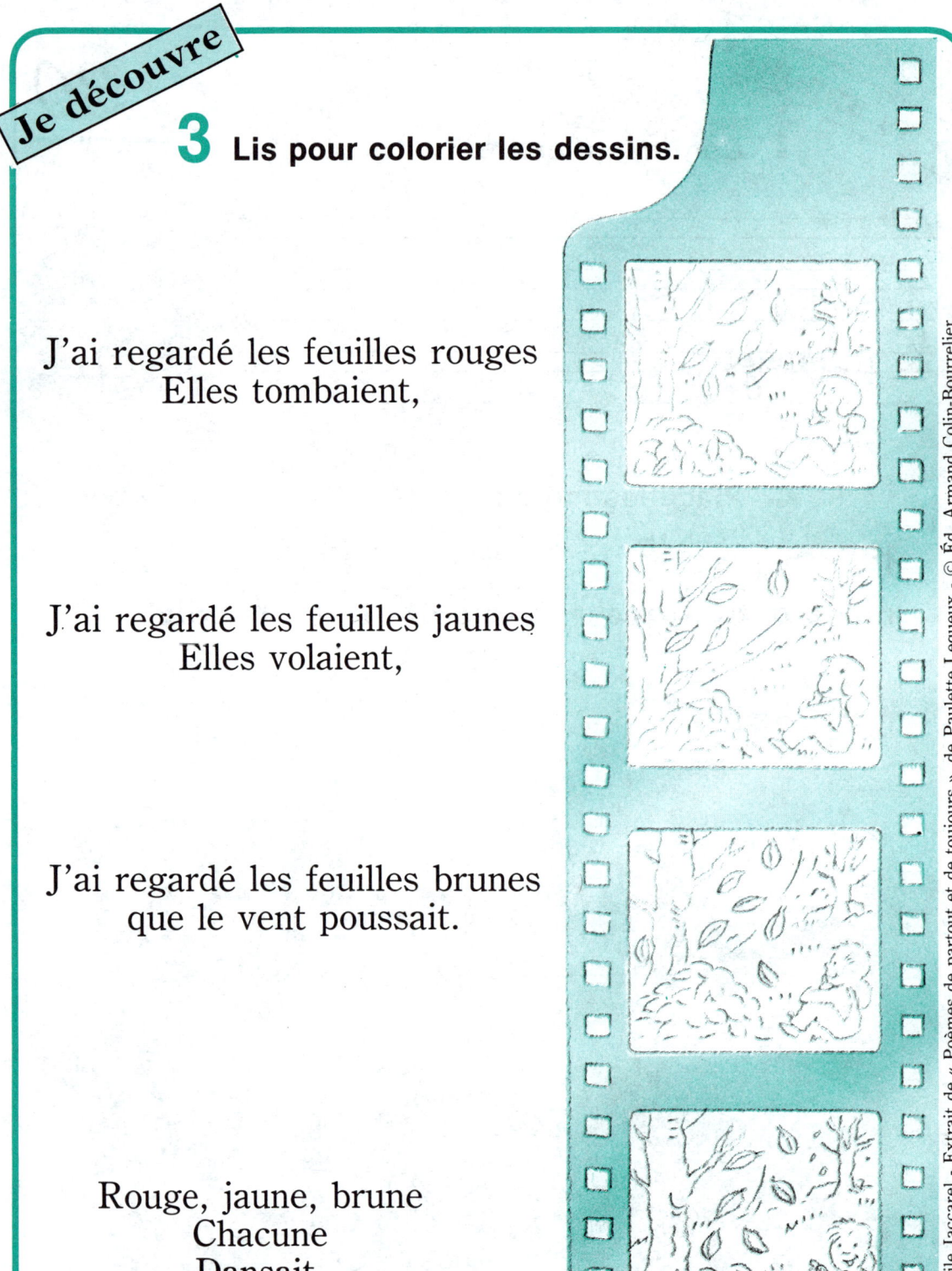

J'ai regardé les feuilles rouges
Elles tombaient,

J'ai regardé les feuilles jaunes
Elles volaient,

J'ai regardé les feuilles brunes
que le vent poussait.

Rouge, jaune, brune
Chacune
Dansait.

Poésie d'Émile Jaccarel - Extrait de « Poèmes de partout et de toujours », de Paulette Lequeux - © Éd. Armand Colin-Bourrelier.

Je lis

Pin - Pon, Pin - Pon, voilà les pompiers!

31

Le capitaine des pompiers dirige l'opération.

Je réfléchis

1 Coche ce qui est vrai.

Quel animal est dans l'arbre?
- ☐ Le chien.
- ☐ L'oiseau.
- ☐ Le chat.

Qui dirige l'opération?
- ☐ Le caporal des pompiers.
- ☐ Le capitaine du bateau.
- ☐ Le capitaine des pompiers.

Que dit le capitaine?
- ☐ « Montez la grande échelle. »
- ☐ « Montez la grande ficelle. »
- ☐ « Baissez la grande échelle. »

Je reconnais

[ɔ̃] on ON on
om OM om

2 Coche et colorie si tu entends [ɔ̃].

le poisson ☐

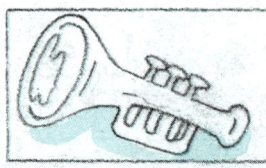
la trompette ☐

le robinet ☐

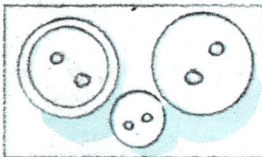
les boutons ☐

l'avion ☐

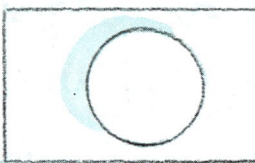
le rond ☐

l'enveloppe ☐

les bonbons ☐

le sapin ☐

3 Entoure les bons mots.

la ronde
la route

l'angle
l'ongle

le port
le pont

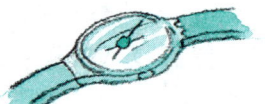

Il est tondu.
Il est tendu.

la montre
la menthe

Il roucoule.
Il ronronne.

Je lis

Le vent se lève.
Petit navire danse,
il danse sur les vagues.
Petit navire va vite,
toutes voiles au vent.

V. Calle

Je réfléchis

1 Barre ce qui est faux.

– Le soleil se lève.   – Le vent se lève.
– Petit navire danse.   – Petit navire va vite.
– Petit navire va loin.   – Petit navire chante.

2 Recopie.

Il est au sec.   *Il est au port.*
Il part à la pêche.

Je reconnais

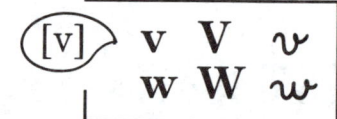

3 Colorie si tu entends [v].

VOITURE — VILLAGE — WAGON — FENÊTRE
PIEUVRE — CAFÉ — FOULE — CHEVAL

4 Entoure v.

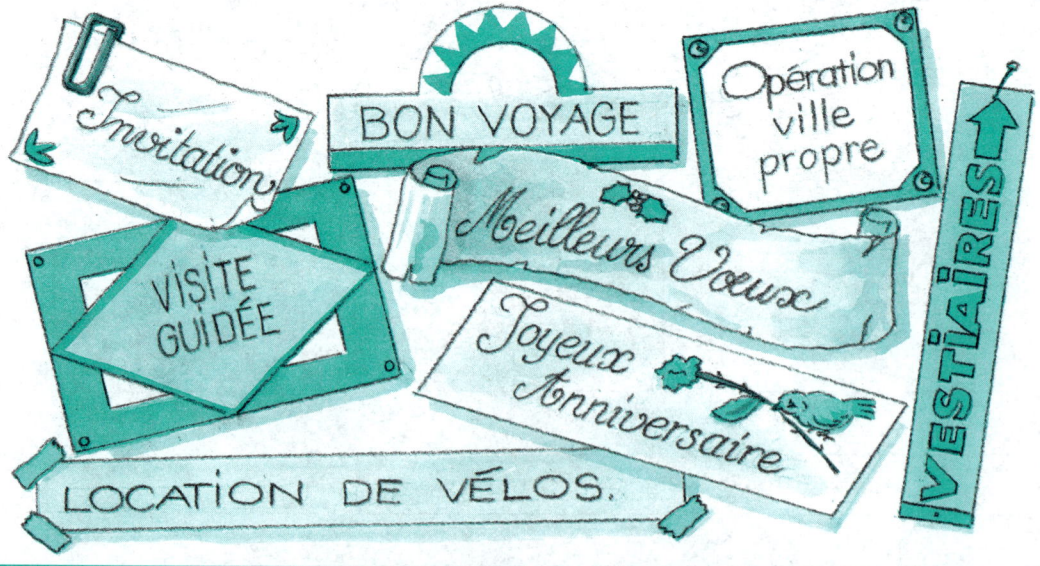

Je m'applique

33

1 Continue à écrire.

v
on
l'avion

2 Complète avec : va - vo - vi - ve - vu - von.

les __s   le sa__   la cra__te

la longue-__e   l'a__nue   le __lcan

3 Écris les mots.

lom co be   pan lon ta   tu con fi re

une _____   un _____   la _____

Je découvre

4 Lis.

PARTEZ EN VOYAGE,

en train
en avion
en bateau
en autocar

Visitez des pays nouveaux !

Réservez vos places
à l'agence INTER - VOYAGES.

Tél. : 12.34.56

5 Coche ce qui est vrai.

On peut voyager
- en train. ☐
- en ascenseur. ☐
- en avion. ☐

L'agence s'appelle
- INTER - VOYAGES. ☐
- INTER - VACANCES. ☐
- INTER - TRANSPORTS. ☐

6 Trouve 6 mots avec ʊ .

_____   _____   _____

_____   _____   _____

Je lis

34

Je réfléchis

1 Coche les parfums que M. Gaston propose.

☐ chocolat   ☐ fraise   ☐ café   ☐ vanille
☐ cassis   ☐ pêche   ☐ citron ☐ framboise
☐ noisette   ☐ caramel ☐ banane ☐ abricot

2 Vrai Ⓥ ou faux Ⓕ ? Complète.

Le marchand de glaces s'appelle M. Léon. ○
M. Gaston vend des bonbons. ○
M. Gaston vend des glaces. ○
Une glace à une boule coûte 2 F. ○
Une glace à deux boules coûte 5 F. ○

 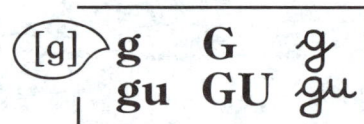

3 Colorie si tu entends [g].

AU BON GOÛTER

sandwich — gaufre — gâteau — brioche — galettes — nougat — boisson — hot-dog — sucette — guimauve

4 Écris les mots.

le goûter – guider – un garçon – gros – une bague – une guêpe – la gare – Guignol

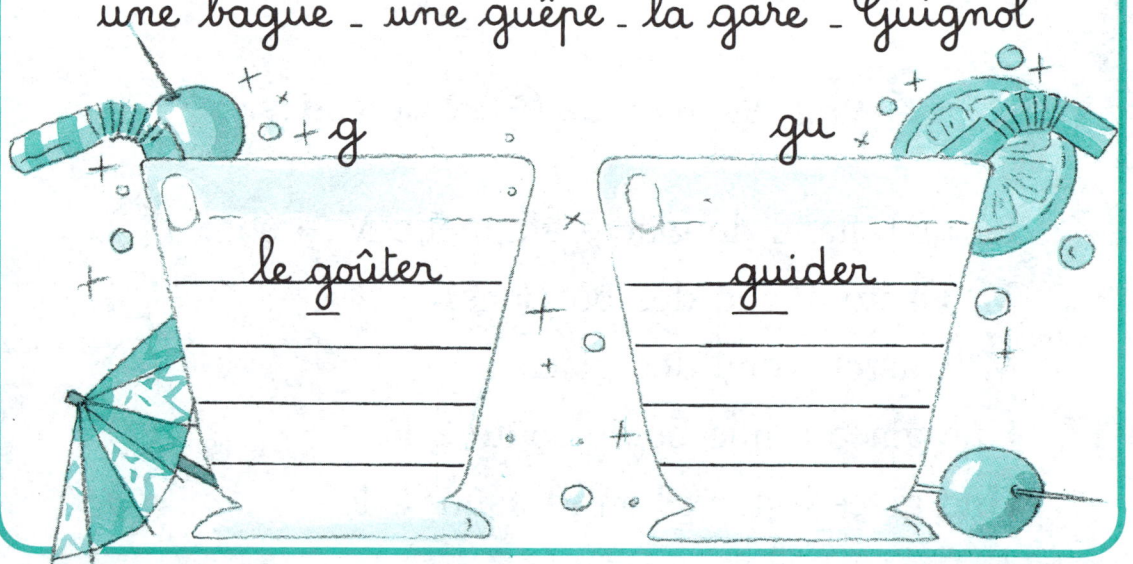

g — le goûter

gu — guider

Je lis

Blanc et noir
Noir et blanc
C'est le panda
Dans les bambous
De l'immense Chine.

V. Calle

Je réfléchis

1 Où vit le panda ? Colorie.

Dans les sapins, en France.   Dans les bambous, en Chine.   Dans la neige, au pôle Nord.

2 Entoure ce qui est vrai.

Le panda se nourrit de choux.

Le panda se nourrit de bananes.

Le panda se nourrit de bambous.

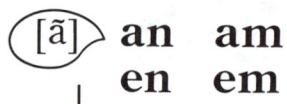

3 Entoure si tu entends [ã].

LE CALENDRIER

4 Recopie les mots :

an	en

am	em

la lampe
il entre
maman
la branche
emporter
le jambon
longtemps
les dents

1 Continue à écrire.

g

an

les gants

2 Complète avec : ga - go - gui - gue - gr - gl.

1. la __re
2. le __rille
3. les __rlandes
4. il est __os
5. la ba__
6. il __isse

3 Complète avec : pen - ran - dan - chan - ven - ten.

1. ils __sent
2. la __dule
3. les o__ges
4. la __te
5. à __dre
6. la mar__de

36

Je découvre

4 Colorie.

5 Lis et colorie.

Il est jaune et blanc.

Elle est jaune et noire.

Elle est noire et rouge.

Il est rouge et blanc.

Il est noir et blanc.

Je lis

Joyeux Noël

37

Je réfléchis

1 **Coche ce que tu vois sur la carte.**

☐ le soleil   ☐ une étoile   ☐ une écharpe
☐ la neige   ☐ un chapeau   ☐ une plume
☐ un sapin   ☐ une souris   ☐ un ruban
☐ un oiseau   ☐ un balai   ☐ une luge

2 **Vrai Ⓥ ou faux Ⓕ ? Complète.**

Le bonhomme de neige a trois boutons.   ○
Le père Noël porte une hotte.   ○
Le petit chien porte un ruban.   ○
Il y a une étoile en haut du sapin.   ○
Le petit soldat est en uniforme.   ○

Je reconnais

[n] n N n

3 Colorie si tu entends [n].

4 Entoure n et n.

ananas

SONNETTE   Noémie

nuage

couronne   MANÈGE   **numéro**

une

NOM   ANNE

pruneau

tonnerre   NEUF

nous   NUIT

Je lis 38

Ce matin, les enfants sont ravis :
la maîtresse affiche leurs dessins
sur les murs de la classe.
Voici le moulin de Victor,
le requin de Marie, le marin
de Thomas et le train d'Alain.
La maîtresse dit :
« Vos dessins sont magnifiques. »
Chacun pense : « Notre classe
est bien jolie ! »

Je réfléchis

1 **Complète.**

Qui a dessiné un train ? C'est _____.
Qui a dessiné un moulin ? C'est _____.
Qui a dessiné un requin ? C'est _____.
Qui a dessiné un marin ? C'est _____.

[ɛ̃] in im
     ain ein

2 Coche si tu entends [ɛ̃].

le linge ☐   le raisin ☐   Il peint. ☐   le chemin ☐

le poulain ☐   la cuillère ☐   la pince ☐   la farine ☐

3 Recopie.

le lutin - le pain - la peinture - malin - peindre - le matin - du grain - plein - le train

in	ain	ein
le lutin	le pain	la peinture

Je m'applique

1 Continue à écrire.

n

ain

le nain

2 Complète avec n ou in.

Le s—ge mange des ba—a—es.

La —uit, la lu—e brille.

Les dauph—s suivent le —avire.

3 Sépare les mots et recopie-les.

unarbre

unoiseau

unnuage

unnavire

Je découvre

4 **Lis.**

La princesse est prisonnière de la sorcière.

Pour la délivrer, le prince doit trouver 4 objets dont le nom contient [ɛ̃] et 4 objets dont le nom contient [n]. Entoure-les dans le dessin.

Je lis

LA POSTE

40

Je réfléchis

1 **Coche le bon guichet...**

	GUICHET 1	GUICHET 2
pour téléphoner.		
pour envoyer une lettre.		
pour acheter des timbres.		
pour envoyer un mandat.		
pour retirer un paquet.		

[ɔ] o O o

2 Entends-tu [ɔ] ? Écris oui ou non.

la pluie  — le bol  — la cloche

l'école  — le bureau  — le parasol

la robe  — la brosse  — la clé

3 Recopie si tu entends [ɔ].

l'enveloppe — le coq —
le cacao — les bottes —
le citron — de la colle —
il trotte — bravo —
la radio

l'enveloppe

J'observe

ZOO DE CLAIRVILLE

VISITE GUIDÉE — RÉSERVE D'ANIMAUX

41

Je réfléchis

1 Coche ce que tu vois sur le dessin.

- ☐ un zèbre
- ☐ un ours
- ☐ une gazelle
- ☐ un crocodile
- ☐ un loup
- ☐ un boa
- ☐ une baleine
- ☐ une girafe
- ☐ un lion
- ☐ un aigle
- ☐ un chimpanzé
- ☐ un éléphant
- ☐ un tigre
- ☐ un requin
- ☐ un hippopotame

2 Colorie si tu entends [z].

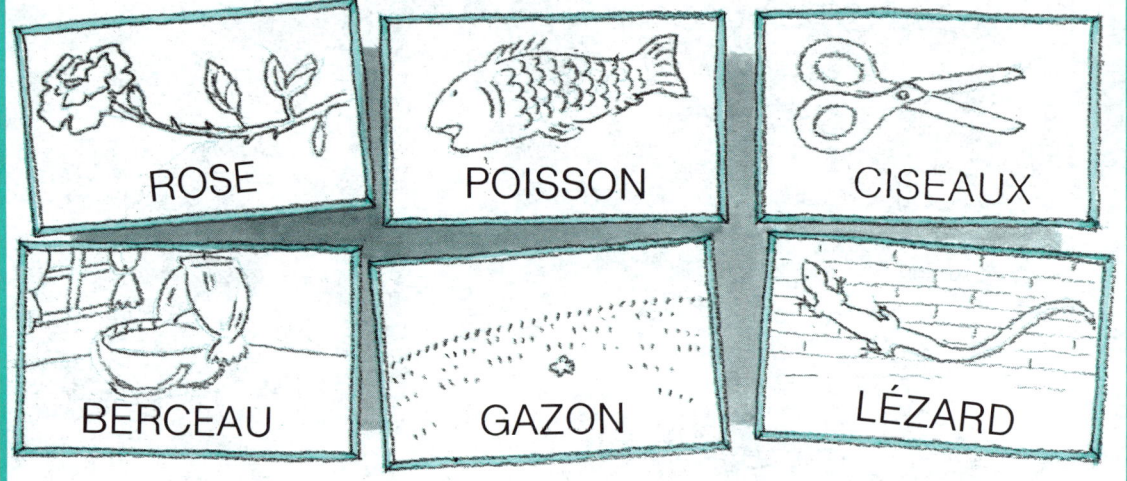

3 Recopie.

le vase
zéro
un bazar
du mimosa
le trapèze
la fusée

4 Entoure z ou s.

MUSIQUE   fraise   VISAGE

ZORRO   gaz   Zoé

cerisier   chemise   bizarre

Je m'applique

42

1 Continue à écrire.

𝓏

zorro

2 Écris les mots.

du _____   un _____   Il se _____ .

3 Complète avec : bol - col - coq - roc .

Le _____ chante tôt le matin.

Il brise le _____ .

Elle remplit le _____ de chocolat.

Il relève son _____ .

Je découvre

4 **Écris le message.**

Tu trouveras le trésor en lisant ce message :

5 **Entoure l'endroit où se trouve le trésor.**

Je lis

Un deux
allumez du feu
donnez-moi des œufs

trois quatre
cassez m'en quatre
il faut les battre

cinq six sept
qui veut mon omelette?

Comptine, Bray-Clausard, OCDL.

Je réfléchis

1 Barre ce qui est faux.

Pour faire l'omelette, il faut :
- éteindre le feu.
- allumer du feu.
- casser des noix.
- casser des œufs.
- battre les œufs.
- battre le beurre.

2 Numérote dans l'ordre.

 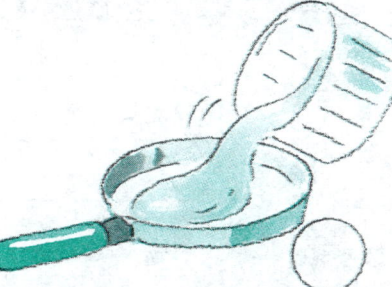 

Je reconnais

[ø] eu EU eu
œu ŒU œu

3 **Coche si tu entends** [ø].

le feu ☐   Il pleut. ☐   un pneu ☐   un nœud ☐

le soleil ☐   Il coule. ☐   les œufs ☐   la forêt ☐

4 **Recopie.**

le jeu – des œufs – bleu – Matthieu –
les vœux – un nœud – deux – des bœufs

eu : le jeu

œu : des œufs

Je lis

CHAMPIGNONS

44

[V] Amanite tue-mouches

[V] Cortinaire des montagnes

[C] Cèpe de Bordeaux

[C] Champignon de Paris

[C] Morille

[V] Amanite phalloïde

[C] Trompette-des-morts

[V] Bolet satan

[C] Girolle

[C] Champignon comestible   [V] Champignon vénéneux

Je réfléchis

1   **Écris le nom de ...**

3 champignons comestibles.	3 champignons vénéneux.
_____	_____
_____	_____
_____	_____

Je reconnais

[ɲ] gn GN gn

2 Colorie si tu entends [ɲ].

| CYGNE | ARAIGNÉE | MONTAGNE | CABANE |
| ROSSIGNOL | GARAGE | PEIGNE | OIGNON |

3 Recopie si tu entends [ɲ].

le champignon
cogner _ grand
la ligne
les vagues
mignon
gagner

le champignon
_____
_____
_____
_____

Je lis

Oh ! oui
dit le ouistiti
à l'oiseau son ami
nous irons en voyage
nous partirons très loin
jusque chez le pingouin.

Comptine, Bray-Clausard, OCDL.

Je réfléchis

1 **Colorie ce qui est vrai.**

C'est l'ami du ouistiti : le papillon.  l'oiseau.

Ils veulent partir : en voyage.  en pique-nique.

Ils iront chez : le pingouin.  la grenouille.

Je reconnais

[wa] oi OI oi   [wɛ̃] oin OIN oin

2 Coche si tu entends [wa].

Il boit. ☐   des noix ☐   un poisson ☐   un lion ☐

3 Coche si tu entends [wɛ̃].

Il est pointu. ☐   le moineau ☐   le foin ☐   le poing ☐

4 Recopie.

le roi
moins
je crois
j'ai besoin
la joie
c'est loin

oi	oin

Je m'applique

1 Continue à écrire.

gn

les oignons

2 Complète avec : bleu _ vieux _ courageux _ délicieux _ soigneux _ curieux.

Il s'applique : il est _____ .

Petit coquin, tu es _____ !

Ce gâteau est sûrement _____ .

Il fait beau, le ciel est _____ .

Pour sortir, il faut être _____ !

Voici les ruines d'un très _____ château.

Je découvre

3 **Lis.**

LIGNE D'AUTOBUS

AMIVILLE
- Pont des Pêcheurs
- Lac des Cigognes
- Place des Baigneurs
- Rue Serpente
- Quartier des Vignes
- Boulevard des Cygnes
- Mont Pointu

CLAIRVILLAGE

4 **Complète.**

_____ des Pêcheurs

_____ des Baigneurs

_____ Serpente

_____ des Cigognes

Nom : _____   Prénom : _____

Colorie le numéro et coche le tableau chaque fois que tu as fini une fiche.

		J'ai trouvé cette fiche		
		très facile	facile	plus difficile
[a]	Fiche ①			
[i]	Fiche ②			
Fiche de synthèse	Fiche ③			
[R]	Fiche ④			
[p]	Fiche ⑤			
Fiche de synthèse	Fiche ⑥			
[o]	Fiche ⑦			
[l]	Fiche ⑧			
Fiche de synthèse	Fiche ⑨			
[m]	Fiche ⑩			
[b]	Fiche ⑪			
Fiche de synthèse	Fiche ⑫			
[u]	Fiche ⑬			
[k]	Fiche ⑭			
Fiche de synthèse	Fiche ⑮			
[d]	Fiche ⑯			
[y]	Fiche ⑰			
Fiche de synthèse	Fiche ⑱			
[t]	Fiche ⑲			
[ə] et [œ]	Fiche ⑳			
Fiche de synthèse	Fiche ㉑			
[s]	Fiche ㉒			
[f]	Fiche ㉓			
Fiche de synthèse	Fiche ㉔			

		J'ai trouvé cette fiche		
		très facile	facile	plus difficile
[e]	Fiche ㉕			
[ʃ]	Fiche ㉖			
Fiche de synthèse	Fiche ㉗			
[ʒ]	Fiche ㉘			
[ɛ]	Fiche ㉙			
Fiche de synthèse	Fiche ㉚			
[ɔ̃]	Fiche ㉛			
[v]	Fiche ㉜			
Fiche de synthèse	Fiche ㉝			
[g]	Fiche ㉞			
[ã]	Fiche ㉟			
Fiche de synthèse	Fiche ㊱			
[n]	Fiche ㊲			
[ɛ̃]	Fiche ㊳			
Fiche de synthèse	Fiche ㊴			
[ɔ]	Fiche ㊵			
[z]	Fiche ㊶			
Fiche de synthèse	Fiche ㊷			
[ø]	Fiche ㊸			
[ɲ]	Fiche ㊹			
[wa] et [wɛ̃]	Fiche ㊺			
Fiche de synthèse	Fiche ㊻			